EDITION ORIGINALE de ce plaidoyer en faveur de l'empereur Maximilien : le poëte adjure Jua[rez]
de lui faire grâce de la vie, pour montrer « aux monarchies qui usurpent et exterminent, le peu[ple]
qui règne et qui modère. »

Un des quelques exemplaires tirés sur PAPIER DE HOLLANDE, accompagné de 5 photographi[es :]
celles du poëte, de Juarez et de sa femme, et celles du gilet et de la redingote que portait Maximi[lien]
lorsqu'il tomba, à Queretaro, sous les balles du peloton d'exécution.

Provient de la bibliothèque J. Noilly. — Belle reliure de MARIUS-MICHEL.

partie IV 142
24 opt F
7-1-58

LETTRE

DE

VICTOR HUGO

A

JUAREZ

PRÉSIDENT DE LA RÉPUBLIQUE MEXICAINE

BRUXELLES
CHEZ TOUS LES LIBRAIRES.

1867

LETTRE

DE

VICTOR HUGO

A

JUAREZ

PRÉSIDENT DE LA RÉPUBLIQUE MEXICAINE

BRUXELLES
CHEZ TOUS LES LIBRAIRES.
—
1867

Bruxelles—Imprimerie de J. H. BRIARD, rue des Minimes, 51.

LETTRE

DE

VICTOR HUGO

A JUAREZ

PRÉSIDENT DE LA RÉPUBLIQUE MEXICAINE

Juarez, vous avez égalé John Brown.

L'Amérique actuelle a deux héros, John Brown et vous. John Brown, par qui est mort l'esclavage. Vous, par qui a vécu la liberté.

Le Mexique s'est sauvé par un principe et par un homme. Le principe, c'est la république ; l'homme, c'est vous.

C'est du reste le sort de tous les attentats monarchiques d'aboutir à l'avortement. Toute usurpation commence par Puebla et finit par Queretaro.

L'Europe, en 1863, s'est ruée sur l'Amérique. Deux monarchies ont attaqué votre démocratie; l'une avec un prince, l'autre avec une armée; l'armée apportant le prince. Alors le monde a vu ce spectacle : d'un côté, une armée, la plus aguerrie des armées d'Europe, ayant pour point d'appui une flotte aussi puissante sur mer qu'elle sur terre, ayant pour ravitaillement toutes les finances de la France, recrutée sans cesse, bien commandée, victorieuse en Afrique, en Crimée, en Italie, en Chine, vaillamment fanatique de son drapeau, possédant à profusion chevaux, artillerie, provisions, munitions, formidable. De l'autre côté, Juarez. D'un côté, deux empires ; de l'autre, un homme. Un homme avec une poignée d'autres. Un homme chassé de ville en ville, de bourgade en bourgade, de forêt en forêt, visé par l'infâme fusillade des conseils de guerre, traqué, errant, refoulé aux cavernes comme une bête fauve, acculé au désert, mis à prix. Pour généraux quelques désespérés, pour soldats quelques déguenillés. Pas d'argent, pas de pain, pas de poudre, pas de canons. Des buissons pour citadelles. Ici l'usurpation appelée légitimité, là le droit appelé bandit. L'usurpation, casque en tête et le glaive impérial à la main, saluée des évêques, poussant devant elle et traînant derrière elle toutes les légions de la force; le droit, seul et nu. Vous, le droit, vous avez accepté le combat. La bataille d'un contre tous a duré cinq ans. Manquant d'hommes, vous avez pris pour projectiles les choses. Le climat terrible, vous a secouru; vous avez eu pour auxiliaire votre soleil. Vous avez eu pour défenseurs les lacs infranchissables, les torrents pleins de caïmans, les marais pleins de fièvres, les végétations morbides, le vomito prieto des terres chaudes, les solitudes de sel, les vastes sables sans eau et sans herbe où les chevaux meurent de soif et de faim, le grand plateau sévère d'Anahuac qui se garde par sa nudité comme La Castille, les plaines à gouffres, toujours émues du tremblement des volcans depuis le Colima jusqu'au Nevado de Toluca ; vous avez appelé à votre aide vos barrières naturelles, l'âpreté des Cordilières, les hautes digues basaltiques, les colossales roches de porphyre. Vous avez fait la guerre des géants en combattant à coups de montagnes. Et un jour, après ces cinq années de fumée, de poussière et d'aveuglement, la nuée s'est dissipée, et l'on a vu les deux empires à terre, plus de monarchie, plus d'armée, rien que l'énormité de l'usurpation en ruine, et sur cet écroulement un homme debout, Juarez; et à côté de cet homme, la Liberté.

Vous avez fait cela, Juarez, et c'est grand. Ce qui vous reste à faire est plus grand encore.

Écoutez, citoyen président de la république Mexicaine.

Vous venez de terrasser les monarchies sous la démocratie. Vous leur en avez montré la puissance; maintenant montrez leur en la beauté. Après le coup de foudre, montrez l'aurore. Au Césarisme qui massacre, montrez la République qui laisse vivre. Aux monarchies qui usurpent et exterminent, montrez le peuple qui règne et se modère. Aux barbares montrez la civilisation. Aux despotes montrez les principes.

Donnez aux rois devant la République l'humiliation de l'éblouissement.

Achevez-les par la pitié.

C'est surtout par la protection de notre ennemi que les principes s'affirment. La grandeur des principes, c'est d'ignorer. Les hommes n'ont pas de noms devant les principes; les hommes sont l'homme. Les principes ne connaissent qu'eux-mêmes. Dans leur stupidité auguste, ils ne savent que ceci : *la vie humaine est inviolable.* O vénérable impartialité de la vérité! le droit sans discernement occupé seulement d'être le droit, que c'est beau!

C'est devant ceux qui auraient légalement mérité la mort qu'il importe d'abjurer cette voie de fait. Le plus beau renversement de l'échafaud se fait devant le coupable.

Que le violateur des principes soit sauvegardé par un principe. Qu'il ait ce bonheur et cette honte! Que le persécuteur du droit soit abrité par le droit. En le dépouillant de sa fausse inviolabilité, l'inviolabilité royale, vous mettez à nu la vraie, l'inviolabilité humaine. Qu'il soit stupéfait de voir que le côté par lequel il est sacré, c'est le côté par lequel il n'est pas empereur. Que ce prince, qui ne se savait pas homme, apprenne qu'il y a en lui une misère, le prince, et une majesté, l'homme.

Jamais plus magnifique occasion ne s'est offerte.

Osera-t-on frapper Berezowski en présence de Maximilien sain et sauf? L'un a voulu tuer un roi, l'autre a voulu tuer une nation.

Juarez, faites faire à la civilisation ce pas immense. Juarez, abolissez sur toute la terre la peine de mort.

Que le monde voie cette chose prodigieuse : la République tient en son pouvoir son assassin, un empereur ; au moment de l'écraser, elle s'aperçoit que c'est un homme, elle le lâche et lui dit : Tu es du peuple comme les autres. Va !

Ce sera là, Juarez, votre deuxième victoire. La première, vaincre l'usurpation, est superbe ; la seconde, épargner l'usurpateur sera sublime.

Oui, à ces rois dont les prisons regorgent, dont les échafauds sont rouillés de meurtres, à ces rois des gibets, des exils, des Présides et des Sibéries, à ceux-ci qui ont la Pologne, à ceux-ci qui ont l'Irlande, à ceux-ci qui ont la Havane, à ceux-ci qui ont la Crète, à ces princes obéis par les juges, à ces juges obéis par les bourreaux, à ces bourreaux obéis par la mort, à ces empereurs qui font si aisément couper une tête d'homme, montrez comment on épargne une tête d'empereur !

Au-dessus de tous les codes monarchiques d'où tombent des gouttes de sang, ouvrez la loi de lumière, et au milieu de la plus sainte page du livre suprême, qu'on voie le doigt de la République posé sur cet ordre de Dieu : *Tu ne tueras point.*

Ces quatre mots contiennent le devoir.

Le devoir, vous le ferez.

L'usurpateur sera sauvé, et le libérateur n'a pu l'être hélas ! Il y a huit ans, le 2 décembre 1859, du droit du premier venu, j'ai pris la parole au nom de la démocratie, et j'ai demandé aux États-Unis, la vie de John Brown. Je ne l'ai pas obtenue. Aujourd'hui je demande au Mexique la vie de Maximilien. L'obtiendrai-je ?

Oui. Et peut-être même à cette heure est-ce déjà fait.

Maximilien devra la vie à Juarez.

Et le châtiment, dira-t-on ?

Le châtiment, le voilà :

Maximilien, vivez « par la grâce de la République ! »

Victor Hugo.

Hauteville House, 20 juin 1867.

Bruxelles—Imprimerie de J. H. Briard, rue des Minimes, 51.

www.ingramcontent.com/pod-product-compliance
Lightning Source LLC
Chambersburg PA
CBHW061623040426
42450CB00010B/2641